W0075000

Warum tut denn keiner was? Warum wird alles vielmehr immer schlimmer – von den Müllhalden zu Land, den Plastikseen in den Meeren bis zum Klimawandel, von der atomaren Hochrüstung bis zur weltweiten Bevölkerungsexplosion?

Wir gehen mit unserem Planeten um, als hätten wir eine zweite Erde in Reserve. Sind wir noch zu retten? Oder sind wir schon am Ende? Dieses Buch ist eine eindringliche Warnung aus der Erfahrung eines langen Lebens.

Eine Vita des Autors findet sich am Ende des Bandes.

WOLF SCHNEIDER

DENKT ENDLICH AN DIE ENKEL!

EINE LETZTE WARNUNG, BEVOR ALLES ZU SPÄT IST

Rowohlt

Meinen 14 Enkeln und Urenkeln gewidmet

Originalausgabe
Veröffentlicht im Rowohlt Verlag, Hamburg, August 2019
Copyright © 2019 by Rowohlt Verlag GmbH, Hamburg
Lektorat Frank Strickstrock
Covergestaltung Anzinger und Rasp, München
Satz aus der Plantin
Gesamtherstellung CPI books GmbH, Leck, Germany
ISBN 978-3-498-00153-7

INHALT

LUST AM LUXUS –
LUST AM UNTERGANG

Die Menschheit steht vor einer schrecklichen Gefahr – und einer kaum noch vermeidbaren Katastrophe.

Die Gefahr: Mit der Atombombe hat der Mensch die in ihrer Art großartige Leistung vollbracht, dass er imstande wäre, sich, seiner Milliardenzahl zum Trotz, vollständig auszurotten. Schon die 25 000 Atomsprengköpfe im Besitz Russlands und der USA würden dafür vermutlich genügen – aber dazu kommt die Liebe zur Atombombe, wie China und Nordkorea, Indien und Pakistan, Israel und Iran sie pflegen.

Beim Atom besteht indessen noch ein Rest von Hoffnung, dass der große Wahnsinn unterbleibt. Mit gnadenloser Konsequenz aber nähert sich die andere Katastrophe: die, dass die Menschheit an ihrer Überzahl, an ihrem Übermut, an ihrer Gier zugrunde geht.

Schon 2007 hat die Uno festgestellt: «Die Menschheit lebt über ihre Verhältnisse.» Und 2011 stellte der dreifache Pulitzer-Preisträger Thomas L. Friedman in der *New York Times* die

Frage: «Wieso geraten wir eigentlich *nicht* in Panik, wenn doch offensichtlich ist, dass wir bei Wachstum, Klima, Ressourcen, Bevölkerung die rote Linie *gleichzeitig* überschritten haben?»

Hat sich seitdem irgendwas gebessert? Nichts – verschlimmert das meiste. Zu Lande wachsen die Wüsten, die Müllhalden, die Betonburgen, die Schrottgebirge. In den Ozeanen wachsen die Plastik-Meere. In den Fabriken wächst die Produktion, immer noch. Die Menschheit selber wächst der achten Milliarde entgegen; zwei Milliarden waren es, als ich zur Schule ging. Für das Jahr 2050 werden 2,5 Milliarden Menschen allein für Afrika prognostiziert.

Wir sind zu viele geworden für einen Planeten. Zu tüchtig, zu gierig sind wir auch. Wir vermüllen, zertrampeln, vergiften die Erde, als hätten wir eine zweite in Reserve.

Noch schneller als die Menschheit wächst ihr Energieverbrauch: Verzwanzigfacht hat er sich in meiner Lebensspanne. Und am schnellsten wächst unser aller Gier: Natürlich tun die Armen das Äußerste, um an Luxus und Verschwendung zu den Reichen aufzuschließen – mit vollem Recht! Und die Reichen wollen noch reicher werden, was denn sonst?

Was nirgends wächst, ist die Einsicht, dass es

so unmöglich noch lange weitergehen kann – auf diesem hoffnungslos begrenzten Planeten, der in unendlicher Einsamkeit durchs Weltall rast! Ja, 2015 hat die Uno beschlossen, bis zum Jahr 2030 «eine bessere Zukunft für alle Menschen zu schaffen». Großartig! Und wodurch? Durch «nachhaltiges» Wirtschaftswachstum und «nachhaltige» Industrialisierung! Durch genau das also, wovon die Menschheit sich verabschieden müsste, wenn sie die Erde nicht noch mehr ramponieren will: «Nachhaltigkeit» ist die beschönigende Floskel dafür, ich komme darauf zurück.

NATÜRLICH IST DER STROM ZU BILLIG!

Die in der Uno vertretenen Regierungen, unsere Politiker überhaupt tun absolut nicht das, was ihre Enkel vor Schaden bewahren könnte. Wo bleibt, wenigstens in Deutschland, ein Generalstabsplan zum Kampf gegen das Generalübel: die allgegenwärtige Verschwendung? Ein Zwanzig-Jahres-Plan zum Beispiel zur allmählichen, aber unerbittlichen Verteuerung des Stroms und des Benzins, in vielen kleinen Schritten, mit Zeit genug für die Industrie und für uns alle, uns *allmählich* umzustellen? Alle zwei Jahre ein kleiner Schritt – das wäre doch zumutbar, und in 20 Jahren wäre Großes erreicht.

Doch wie soll sich für dergleichen eine politische Mehrheit finden? Und wenn doch: Würde das nächste Parlament die ganze Zumutung nach vier, fünf Jahren wieder beseitigen? Der Wahlrhythmus der Demokratie lässt den langen Plan, den großen Wurf nicht zu.

Selbst wenn aber Deutschland etwas von dieser Art schaffen sollte – unser Einfluss auf die Erde wäre doch, mathematisch gesprochen, eine zu vernachlässigende Größe: Wir stellen etwa ein Prozent der Weltbevölkerung, und von der Landfläche der Erde bedeckt Deutschland den 417. Teil. Retten können wir sie also nicht, die Erde, jedenfalls nicht allein, und der Dreck, die Treibhausgase der anderen 416 Regionen werden uns heimsuchen, so oder so.

Noch dazu leistet sich Deutschland, was die Vergiftung der Atmosphäre angeht, ein groteskes Übermaß – und das erreichte 2019 einen neuen Gipfel: Unsere Braunkohle darf noch 19 Jahre stinken, und die gehätschelte Autoindustrie darf sich in schierem Aberwitz gefallen: Hat da Daimler-Benz doch einen Monster-SUV auf den Markt gedonnert, wieder eckig wie ein beliebtes

Modell von 1979 – und daher mit einem Luftwiderstand «wie die Eigernordwand», spottete die *Süddeutsche Zeitung*. Mit 422 PS lässt sich die gigantische Dreckschleuder in 4,5 Sekunden auf Tempo 100 jagen.

Ein Sturmgeschütz des Wahnsinns also – und dass keine Regierung, kein Parlament dergleichen verhindert, dass die Grünen nicht einmal dagegen anschreien im Protest, beweist: Unser Auto steht uns *natürlich* näher als die Zukunft des Planeten Erde.

WIE GLÜCKLICH WAREN WIR MIT 27 PS!

Ist denn einer, der mit 422 PS über den Brenner donnert (oder kriecht), wenigstens zufriedener als der, der 1951 mit 27 PS zum ersten Mal nach Italien rollen konnte? (Wie ich zum Beispiel.) Eher ist es umgekehrt. Wir strampeln uns ab in der *Hedonic Treadmill* – der Tretmühle der (Un)zufriedenheit, wie sie bei den Soziologen heißt: Im Gleichschritt mit unserem Einkommen wachsen unsere Ansprüche. Das Glück mehrt sich nicht.

Die Konsumgüterindustrie tut das Ihre, um Bedürfnisse zu schaffen, die vorher keiner hatte. Der menschliche Charakter begünstigt sie dabei.

Hunger, sagt der amerikanische Volkswirtschaftler John Kenneth Galbraith, schmerze nicht so sehr wie der Neid auf des Nachbarn neuen Wagen. Je mehr wir haben, desto mehr haben wollen wir, und genug haben wir nie. So ist der Mensch. An der Endlichkeit der Erde wird die Unendlichkeit unserer Ansprüche zerschellen.

Wir sind eine Schicksalsgemeinschaft auf einem überfüllten Raumschiff namens Erde, und eine andere Erde ist nicht in Sicht. Wer dennoch eine letzte Chance wittert, der warte nicht auf noch mehr Beweise für den Untergang – er handle! So wie einst Noah: Seine Arche war fertig (1. Mose 7,4), sieben Tage, *bevor* der Große Regen kam.

UNSERE HEILIGE KUH
AUF VIER RÄDERN

Das Auto! Es ist der große psychologische Treffer der Technik, das populärste Produkt des Industriezeitalters, für fast 1,5 Milliarden Menschen der größte Spaß, der sich mit Geld erwerben lässt – und für viele immer noch das Vehikel der Freiheit.

Zugleich ist das Auto – nächst Granaten, Bomben und Raketen – die wirksamste Tötungsmaschine der Weltgeschichte. Seit Carl Benz sich 1886 mit der ersten Motorkutsche auf die Straße traute, hat das Auto mehr als 30 Millionen Menschen umgebracht; im Jahr kommen, nach Uno-Rechnung, im Durchschnitt 1,3 Millionen Menschen hinzu, 3560 jeden Tag.

Das Auto ist ein selbst verliehener Orden von käuflicher Größe. Millionen Menschen genießen das Prestige des schnelleren Rasens auf der Autobahn oder das Vorfahren mit dem dickeren Auto – der einzigen halbwegs gebilligten Form der öffentlichen sozialen Deklassierung.

Also werden unsere Autos immer größer, immer schwerer, immer stärker. Der erste *Porsche* trat 1962 an mit 130 PS; bei 153 PS liegt heute in Deutschland der *Durchschnitt*. Der *Polo*, einst dem *Golf* als kleiner Bruder zugesellt, ist heute größer, schwerer, schneller, als es der Golf einst war. Der *Mini* von BMW wiegt doppelt so viel wie vor fünfzig Jahren, und statt 34 PS bietet er bis zu 221 PS.

KAMPFWAGEN GEGEN DAS WELTKLIMA

Ja doch: Seit Jahren preist die Industrie ihre neuen Modelle regelmäßig – und oft sogar zutreffend – damit an, dass sie weniger Treibstoff verbrauchten. Wie viel weniger Benzin, Diesel oder demnächst Strom aber könnten es erst sein, wenn Einsicht oder Zwang sie dazu brächte, zugleich mit *weniger PS* zu werben? Vehement erhöht sich unterdessen der Anteil der großen, schweren SUVs am Automarkt (am besten «Suffs» zu sprechen, wie in der Autoindustrie weithin üblich). Sie sind «Kampfwagen gegen das Weltklima» (so im *Spiegel* schon 2011).

So liefert das Auto selbstbewusst, fast fröhlich seinen Beitrag zur drohenden Unbewohnbarkeit der Erde. «Wir benutzen den Himmel über uns als Abfalldeponie» – es war, erstaunlich, die *ADAC-Motorwelt*, die das 2018 anprangerte. Auf den Straßen kamen 2018 in Deutschland 3265 Menschen um, neun jeden Tag. In den USA fallen dem Auto Jahr für Jahr an die 40 000 Menschen zum Opfer.

Im Stau verbringen Deutschlands Autos eine groteske Menge an unproduktiver Zeit; dazu die Parkplatzsuche und das Geschiebe auf den Straßen. 47 Millionen Autos für 82 Millionen Bundesbürger – gut ein halbes Auto pro Kopf!

Ach ja, die Eisenbahn! 40 000 Menschen pro Stunde kann sie im Durchschnitt transportieren – das Auto würde mit je zwei Personen (was im Berufsleben über dem Durchschnitt wäre) für die gleiche Beförderungsleistung eine Super-Autobahn mit 28 Spuren brauchen. Die Schienen aber den Anforderungen der Moderne anzupassen – das hat die deutsche Verkehrspolitik seit Jahrzehnten versäumt; in der Schweiz ist die Investition ins Schienennetz pro Kopf sechsmal so hoch.

Was für eine gigantische Fehlinvestition, das Auto! Aber das Lieblingsspielzeug von Millionen.

Rettung naht, das E-Mobil! Wirklich? Was für eine Täuschung! Denn einerseits (und darüber wird nicht einmal geredet) ist das E-Auto *völlig zwecklos*, was die Überfüllung der Straßen, die

Verstopfung der Städte, die Millionen Todesopfer des Autos angeht. Im Gegenteil: Es will ja allen Autonutzern ihren Spaß genauso gönnen wie bisher; nur mit besserem Gewissen.

Und andrerseits: Die Luftverschmutzung in den Städten würde es zwar vermindern, aber keineswegs beseitigen – denn der Abrieb von Reifen und Bremsen bliebe ja derselbe: Anderthalb Kilo verliert ein Reifen in drei, vier Jahren und verwandelt den Verlust in Feinstaub, der die Luft verschmutzt. Viele Experten halten ihn für schlimmer als das Kohlendioxid und die Stickoxide, die das E-Auto nicht mehr ausstößt – desto mehr davon natürlich die Kraftwerke, die nun zusätzlich Strom für die Batterien produzieren müssen – in Deutschland zu 50 Prozent durch Kohle, auch mit Braunkohle sogar, dem schmutzigsten Energieträger überhaupt; bis 2038 mindestens.

Ja, der Anteil der *Windräder* an der Stromerzeugung wird wachsen, aber sie schaffen ihre eigenen Probleme: Flächenverbrauch, Landschaftsverschandelung, Belästigung der Anwohner, vielfacher Vogeltod – und rund fünfzig Brände oder Abrisse von Rotorblättern pro Jahr; zweimal auch schon Absturz eines der 14 Tonnen schweren Flügel.

Und die *Batterien*! Zunächst wird für ihre Herstellung eine beträchtliche Menge Strom verbraucht – und geladen werden sie später wieder und wieder genau mit jener Elektrizität, gegen die die Umweltschützer doch ankämpfen, mindestens solange sie mit Kohle erzeugt wird. Auch werden für die Batterien Mangan, Kupfer, Kobalt, Nickel, Lithium und Seltene Erden verwendet. Kobalt kommt überwiegend aus dem Kongo – dort großenteils von Kindern gefördert, von denen viele nicht einmal eine Schutzkleidung haben.

BATTERIEN: GIFTIGER SCHROTT!

Direkt ermutigend ist das nicht. Und was geschieht mit den verbrauchten Batterien, diesem giftigen Schrott? Und welche Kabel müssten her, damit den Parkhäusern und Tiefgaragen genügend Strom zugeführt werden kann? Und droht vielleicht ein Zusammenbruch der Stromversorgung, wenn die E-Mobile eines Tages zu Millionen auf den Straßen fahren? Viel Aufwand – wenig Ertrag. So kommen wir nicht weiter!

Womöglich mit einer tollkühnen Frage: Würden wir dieselbe Einsparung an Treibhausgasen vielleicht erzielen, wenn uns die aberwitzige Idee befiele, unsere Autos zu *schrumpfen*? Schrumpfen auf eine Größe und Stärke zum Beispiel, wie sie vor vierzig Jahren unseren Großvätern genügte, ja sie oft begeisterte? Ist es aber nicht gerade diese Drohung, vor der das E-Mobil das deutsche Gemüt – und zugleich die deutsche Autoindustrie bewahren soll?

ANGELA MERKELS SPRINGPROZESSION

Die *Arbeitsplätze*! Die Sorge um ihre Zahl ist es, die die Bundesregierung unter Druck setzt, es mit dem E-Mobil nicht zu übertreiben. Dieser schrecklich simple Elektromotor braucht ja keine Zylinder, keine Kurbelwelle, kein Getriebe – nicht mehr als das meiste von jener raffinierten Mechanik, deren Beherrschung die deutschen Autos an die Weltspitze gebracht hat. Um wie viele Arbeitsplätze geht es? Um 75 000 mindestens. 200 000 nach Schätzung der IG Metall. 800 000, wenn alle Zulieferer und Abhängigen einbezogen werden. Ein Siebentel aller in der Industrie Beschäftigten. Acht Prozent der deutschen Wirtschaftsleistung.

Da vollzieht Angela Merkel eine Art Springprozession: Ja, das E-Auto muss kommen, den

Verbrennungsmotor brauchen wir natürlich noch jahrzehntelang, bis 2030 wird der deutsche Straßenverkehr seine Emissionen gegenüber 1990 um 40 Prozent senken, der Diesel behält natürlich ein paar Vorzüge gegenüber dem Benziner, die Autoindustrie hat vieles falsch gemacht, die Arbeitsplätze bleiben sicher, es muss sich was verändern, aber nicht zu bald.

So geht es nicht. Wer wider besseres Wissen glaubt, die Katastrophe wird sich schon gedulden, bis wir sie kostenlos verhindert haben, der hat die Zukunft unserer Enkel schon verspielt!

Was ist das Auto überhaupt?, fragte 1957 der französische Essayist Roland Barthes in seinen «Mythen des Alltags»: «Das Äquivalent der gotischen Kathedralen.» Wieder eine große Schöpfung nämlich, «die von einem ganzen Volk gebraucht wurde, das sich in ihr ein magisches Subjekt zurechtgemacht hat». Es ist nun mal ein Urvergnügen, über 200 Pferde zu gebieten und das kleine Selbst mit zwei Tonnen Stahl zu polstern.

«Natürlich sind weniger Autos besser als mehr Autos» – das war der bei weitem «grünste» Satz, der je gesprochen worden ist – und natürlich wurde sein Urheber, Winfried Kretschmann, von seiner Partei, den Grünen eben, sofort zurückgepfiffen, als er ihn 2011 gleich bei seinem Amtsantritt riskierte; und wiederholt hat er dergleichen nie.

Gerade die Rede wäre doch der Weg, Wirkung zu erzielen, wenn die politische Mehrheit nicht reicht! In jedem Parlament, in jeder Fernsehrunde könnten die Grünen die Macht des Wortes nutzen, um die Übermacht, den Übermut des Autos zu brechen – für die Redner ein Spaß, für die Presse ein gefundenes Fressen, Shitstorm willkommen! Macht ihn peinlich, macht ihn lächerlich, den Suff mit 400 PS! Wenn die Reichen sich genieren, noch mit ihm zu fahren, ist die Schlacht schon halb gewonnen.

Und wenn sich in Berlin das Klima gewandelt hätte, vielleicht eine Gesetzesvorlage von der Art: In drei Jahren darf in Deutschland kein Pkw mehr gebaut werden mit mehr als 150 PS, außer für Polizei und Feuerwehr.

Wie glücklich waren einst viele Deutsche mit 27 PS. Aber das ist lange her, und an übermorgen denken wir einfach nicht.

WIE WENIGE WIR WAREN

Wie aus einem Häuflein überdurchschnittlich schlauer Affen der Mensch, der Herr der Erde wurde – das ist ein Krimi ohnegleichen und fast ein Wunder. Schon weil die Erde beim Einzug des Menschen längst ziemlich dicht besiedelt war: von Kröten, Ratten, Wölfen, Kakerlaken, von Mammuts, Wanzen, Säbelzahntigern und mörderischen Viren. Sich gegen diese alle durchzusetzen war unser erster, unser längster, unser schwierigster Kampf.

Alle tierischen Konkurrenten haben wir niedergerungen, verspeist oder ausgerottet. Als einziges Säugetier haben wir die gesamte Landfläche der Erde besiedelt und uns in 50 Grad Hitze wie in 50 Grad Kälte wohnlich eingerichtet.

Wir, die Menschen! Seit wann wir uns so nennen können, ist umstritten. «Lucy» liefert einen ersten Anhaltspunkt: In Äthiopien entdeckten amerikanische Archäologen 1974 ein paar 3,2 Millionen Jahre alte, erstaunlicherweise zu 40 Prozent erhaltene Skelette, die sie den «Südaffen» (Australopithecus) zuordneten: nur 1,20 bis 1,50 Meter groß, die Schnauze vorspringend, die Arme länger als die Beine. Doch drei ihrer Fußabdrücke, in Vulkanasche gebacken, fielen den Forschern auf: In die Fußstapfen des einen waren die des zweiten getreten, offenbar die Frau hinter dem Mann – daneben aber die Spuren eines Kindes, mit einer verspielten Abweichung von der Geraden, «Lucy» nannten es die Forscher – das erste Familienbild.

Vor etwa 1,8 Millionen Jahren trat der aufrechte Mensch, *Homo erectus*, auf: Im Körperbau dem Jetztmenschen schon ähnlich, und die Gewalt über das *Feuer* hatte er erworben – der mächtigste Schritt zur Herrschaft über alle Tiere; und Steine, etwa von Birnengröße, hatte er zu Faustkeilen zurechtgeschlagen, dem ersten Universalwerkzeug.

Mit Hilfe des Feuers sah er sich imstande, in kühlere Länder auszuschwärmen. Warum aber tat er das? Da es doch für erstaunlich wenige Menschen fast unglaublich viel Raum gab: Sie lebten in Gruppen oder Sippen von 25 bis 40 Köpfen, auch 150 kamen vor, eine Sippe von der anderen zehn Tagesmärsche entfernt – und noch vor 40 000 Jahren vermutlich nur etwa 1500 Menschen in ganz Mittel- und Westeuropa, schätzt die Wissenschaft –, eine Bevölkerungsdichte wie heute nur noch in den äußersten arktischen Zipfeln von Sibirien.

Sie *wanderten* also – oder wie immer man das nennen soll: Die Sippe oder Gruppe wechselte einfach öfter ihren Lagerplatz, sie ließ sich mal in dieser, mal in jener Oase nieder, sie folgte den Wasserläufen oder den Spuren der essbaren Tiere. Einer bestimmten Richtung folgten sie nicht, ein Ziel konnten sie nicht haben.

DIE UNGLAUBLICHE WANDERUNG

Vor 38 000 Jahren trat in Mitteleuropa der «Jetztmensch» auf, *Homo sapiens sapiens*, der gleich zweimal Weise also: Da hatten, wieder in Äthiopien, ein paar Frühmenschen den Aufschwung zu einer neuen Spezies geschafft, mit leichteren Knochen, schmaler Nase, steiler Stirn und höherer Intelligenz.

Es ist dieser Typus, der die ganze Erde erobert hat, und alle heute lebenden Menschen stammen von ihm ab. Binnen Jahrtausenden zog er nach Indien, weiter über das heutige Indonesien (das damals zum asiatischen Festland gehörte, so tief hatte die Eiszeit den Meeresspiegel abgesenkt) – schließlich tollkühn über die damals etwa 80 Kilometer breite Meeresstraße nach

Australien, vor etwa 60 000 Jahren. Und selbstverständlich hatte er keine Spur von Erinnerung, woher er gekommen war.

Erst vor etwa 14 000 Jahren betrat der Neue Mensch Amerika. Aber schon nach rund 3000 Jahren war der Sapiens sapiens von Alaska bis nach Feuerland vorgedrungen, rund 20 000 Kilometer Weges; im Durchschnitt also sieben Kilometer *pro Jahr* – wiederum im Rahmen dessen, worin eine Horde von Jägern sich ohnehin bewegte; ohne Mühe für Frau und Kind, ohne Vorstellung, wo sie sich jeweils befanden.

Als Siedlungsräume und Jagdreviere kommen nur gut die Hälfte der Landmasse der Erde in Frage; der Rest sind Wüsten von Fels, Sand und Eis. Als letzte große fruchtbare Fläche nahm der Mensch um 1000 n. Chr. *Neuseeland* in Besitz. Heute, bei acht Milliarden und demnächst wahrscheinlich elf Milliarden Menschen, gibt es keine Landreserven mehr.

Ein weltweiter Wettlauf um die letzten guten Böden hat eingesetzt, Investoren aus China betreiben in Afrika und Südostasien «land grabbing» in großem Stil, ebenso die USA und die Arabischen Emirate. Das droht den Anstoß zu vielen kleinen Kriegen zu geben – vielleicht zum großen Krieg. Vielleicht zum letzten.

Grausam ging es bei der Landnahme indessen schon zu, als noch viel Platz auf Erden war: Kaum hatten die Israeliten nach vierzigjähriger Wanderschaft das fruchtbare, friedliche Land Kanaan erreicht, da nahmen sie die Frauen, die Kinder, das Vieh zur Beute, und die Männer erschlugen sie «im Namen des Herrn» (5. Mose 20).

REVOLUTION VOR 10 000 JAHREN

«Der Mensch war gewiss grausamer und bösartiger als andere Tiere», schreibt Sigmund Freud. «Er mordete gern und wie selbstverständlich.» Im Amazonasgebiet kamen vor Kolumbus 30 Prozent aller Eingeborenen (nicht nur der Männer also) gewaltsam um – so hat es der amerikanische Anthropologe Robert Walker 2012 nach jahrzehntelangen Studien ermittelt.

Das Bösartige blieb. Das meiste aber änderte sich radikal, als vor rund 10 000 Jahren – in den letzten drei Prozent der Ära des Homo sapiens sapiens also – am Euphrat, am Nil, am Indus die *Landwirtschaft* erfunden wurde: Viel mehr Menschen ernährte das Land – viel mehr Kinder waren erwünscht –, viel größer wurde die Plage, genügend Essen heranzuschaffen – ganz neu die Angst: vor Dürre – und vor dem Raub von Land.

WIE WIR
ZU VIELE WURDEN

Nichts hat den Menschen, nichts hat die Ober-
fläche der Erde mehr verändert – zum Großen,
zum Guten, zum Schlimmen – als die Erfin-
dung des *Ackerbaus* im 7. Jahrtausend v. Chr.;
im 5. Jahrtausend hatte der, aus dem Vorderen
Orient kommend, Europa erreicht.

Die Nutzung und Zähmung einiger *Tiere* war
ihm vorausgegangen: Ziegen, Schafe, Schweine
nahm der Mensch in Obhut – zunächst überwiegend in der Form, die beim Rentier noch heute
üblich ist: Eskimos, Sibirer, Lappen ziehen mit
den wandernden Herden dorthin, wo *die* wollen – aber sie melken die Rentiere, steuern die
Paarung und bieten Schutz vor Raubtieren – bevor sie sie essen.

Zum ersten *Haustier* wurde der Auerochse
oder Ur: eingefangen, eingepfercht, gefüttert, als
Fleischvorrat – der Urvater des Hausrinds, das
sich seit dem 6. Jahrtausend verbreitete. Damit
aber hörten unsere Ahnen auf, wandernde Hirten zu sein, und wenn gutes Weideland gefunden
war, lag es für sie nahe, sesshaft zu werden. Den

Hackbau hatten sie schon betrieben: auf kleinen Flächen den Boden aufhacken mit einem Stein an hölzernem Stiel – und wilde Körner säen.

Von *Ackerbau* sprechen wir, seit Ochsen mit einem hölzernen Hakenpflug die Erde über längere Strecken aufrissen. Aber welche Revolution wurde eingeläutet mit der *Sesshaftigkeit*! Plage, Not und Angst folgten aus ihr. Die *Angst* vor all den Jägern und Hirten, die ihre Bewegungsfreiheit, ihre Lebensgrundlage bedroht sahen – und zu zerstören versuchten, was ihnen im Wege war.

Die *Plage*: All dieses Graben, Pflügen, Säen, Wässern, Ernten, dieses Schleppen, Stapeln, Dreschen, Mahlen – während der Jäger oft auf der faulen Haut hatte liegen können. Und die *Not*! Gerade den Ackerbauern drohte der Hunger: Feinde konnten die Ernte rauben, Dürre, Hagel, Heuschrecken, Schädlinge sie vernichten – mit schrecklichen Folgen wie noch von 1846 bis 1849 in Irland: Da verhungerten mehr als eine Million Menschen, weil die Kartoffelfäule ihr Hauptnahrungsmittel vernichtet hatte.

Kinder aber: Die waren nun – und nun erst – erwünscht in großer Zahl. Die Jäger hatten sich meist auf drei oder vier beschränkt, zu viele hätten das nomadische Leben erschwert; da wurde Enthaltsamkeit geübt, ja oft wurden Kinder ausgesetzt. Nun aber waren sie leicht zu versorgen, der Acker ernährte ja pro Fläche ein Vielfaches der Jagd! Und gut zu gebrauchen waren sie: zum Gießen, Unkrautjäten, Ährensammeln, Schleppen.

So hat sie also angefangen, die *Bevölkerungsexplosion*, die heute eine unserer größten Bedrohungen, wenn nicht die größte ist. *Vor* dem Ackerbau hätte die Erde höchstens zehn Millionen Menschen ernähren können – auf fast das Tausendfache davon werden wir es noch im 21. Jahrhundert bringen, wenn die Uno recht hat; und dass sie alle satt werden, ist eher unwahrscheinlich.

Landreserven gibt es längst nicht mehr: Außer Sand, Fels und Eis ist aller Boden genutzt – noch mehr Wald zu roden wäre schrecklich für unsere Luft –, und Müll, Schrott und uferlose Bebauung verkleinern das bewohnbare Land noch mehr.

Einen großen Kultursprung freilich hat der Ackerbau einst auch ermöglicht: Da der Acker viel mehr Menschen ernährte, mussten nun bei weitem nicht mehr alle Männer für die Ernährung sorgen. So konnte die *Stadt* entstehen – ein Sammelplatz für Handwerker, Händler, Priester, sogar Künstler und Soldaten.

Heute ist die Stadt der Brennpunkt aller Übel auf der übervollen Erde: 30 Millionen drängen sich in Chongqing/China, 23 Millionen in Lagos/Nigeria, darunter viele der armseligsten Menschen überhaupt. In der Zweimillionenstadt Kowloon bei Hongkong haben Zehntausende nichts als einen von drei übereinander gestellten Drahtkäfigen zum Schlafen und zum Verstauen ihrer Habe.

DREI PÄPSTE – EINE SENSATION

Nicht beeindruckt von der zweiten Milliarde Menschen, die 1920, auch nicht von der sechsten Milliarde, die um die Jahrtausendwende erreicht war – predigten Päpste, Kaiser, Diktatoren den Kindersegen. Die Ehe, sprach Papst Pius XI. 1930, sei allein dazu da, «der Kirche Christi Nachkommenschaft zuzuführen». Papst Johannes XXIII. rief 1961 allen Müttern zu: «Habt keine Angst davor, viele Kinder zu bekommen! Der Herrgott segnet die großen Suppentöpfe.»

Da erstaunte Papst Franziskus 2019 beim Heimflug von einer Asienreise die mitfliegenden Journalisten mit dem Satz: «Gute Katholiken müssen sich *nicht* wie die Karnickel vermehren» – es gebe viele von der Kirche erlaubte

Methoden, das Ideal von «drei Kindern pro Ehepaar» zu erreichen.

MOZART VERLOR FÜNF GESCHWISTER

Hitler erfand 1938 das Mutterkreuz (für acht Kinder in Gold); Charles de Gaulle wünschte sich 1961 für die Jahrhundertwende «100 Millionen Franzosen»; der algerische Staatschef Boumedienne brüstete sich 1974 vor der Uno: «Der Leib unserer Frauen wird uns den Sieg bescheren»; der türkische Präsident Erdogan versprach 2007 seinen Wählern, «die Lenden der türkischen Männer» würden das nachholen, was der türkischen Armee 1683 vor den Toren Wiens versagt geblieben sei.

Zwischen Hitler (1938) und Boumedienne (1974) aber war etwas geschehen, was die Welt veränderte: 1948 begann die Weltgesundheitsorganisation mit ihrem weltweiten Feldzug gegen die Seuchen und die Säuglingssterblichkeit, zumal in den armen Ländern Asiens, Afrikas und Lateinamerikas – und binnen weniger Jahrzehnte sank diese drastisch (um bis zu 45 Prozent).

Uns ist ja kaum noch vorstellbar, welche Rolle der Säuglingstod auch bei uns einst spielte: Von Mozarts sechs Geschwistern starben fünf im

Kindesalter, sogar 13 von 16 Geschwistern des Georg Christoph Lichtenberg. Eltern fanden es folglich ganz selbstverständlich, dass sie mehr Kinder zeugten, als sie haben wollten.

Radikal änderte sich das erst mit der modernen Medizin im letzten Drittel des 19. Jahrhunderts – zumal seit der englische Arzt Joseph Lister 1867 die antiseptische Wundbehandlung eingeführt hatte. Es dauerte indessen rund hundert Jahre oder drei Generationen, bis Eltern ihre Kinderwünsche danach einrichteten. In Deutschland waren noch um 1900 sechs oder acht Kinder ganz normal.

Indem nun in Asien, Afrika, Lateinamerika diese hundert Jahre noch nicht verstrichen sind, findet dort die Bevölkerungsexplosion statt: immer noch sechs Kinder pro Frau in Mauretanien, fünf in mehreren Staaten Afrikas. *Nigeria* ist von 1958 bis 2019 von 32 Millionen auf 200 Millionen gewachsen und wird für 2100 auf fast eine Milliarde geschätzt – so viele, wie um 1800 auf der ganzen Erde lebten; zwei Drittel davon Minderjährige. Das alte Europa hat Grund, sich bei dieser Perspektive nicht besonders wohlzufühlen.

Das Gegenteil von Afrika fand und findet in Asien statt. *Japan* machte 1948 den Anfang:

Der Staat legalisierte die Abtreibung und propagierte die Empfängnisverhütung – mit der Folge freilich, dass Japan immer mehr Probleme mit der Überalterung bekommt. In *Indien* (fast 1,4 Milliarden Einwohner 2019) kann sich seit 1959 jeder Bürger kostenlos sterilisieren lassen, und 1972 wurde die Abtreibung legalisiert.

400 MILLIONEN CHINESEN WENIGER

Den brutalen Weg hat 1979 China eingeschlagen: Deng Xiaoping führte die 1-Kind-Politik ein – um den wirtschaftlichen Aufschwung des Riesenvolkes nicht durch eine Lawine von Kindern zu gefährden: ein Kind willkommen, ein zweites nur, wenn das erste missgebildet oder, bei den Bauern, ein Mädchen ist. Viel Druck, viel Betrug, drohende Überalterung – und doch eine wirklich gute Nachricht: Die Partei nimmt für sich in Anspruch, die Geburt von etwa 400 Millionen weiterer Chinesen verhindert zu haben.

Wenn doch alle gebärfähigen Frauen dafür gewonnen werden können, nur noch *ein* Kind zur Welt zu bringen! Das rief 2007 der amerikanische Journalist Alan Weisman aus, der mit seinem Buch «Die Welt ohne uns» auf die Bestsellerlisten kam: Dann werde es im Jahr 2100 nicht die 11 Milliarden Menschen der Uno-Schätzung geben, sondern nur jene 1,6 Milliarden, die um 1900 auf der Erde lebten; kein Mensch fand damals, dass sie zu leer sei.

Anno 2100 werden wir aber leider 11 Milliarden sein.

DAS WASSER WIRD WENIGER – DER HUNGER WIRD MEHR

Dass Wasser aus der Wand kommt, sooft wir wollen, in beliebiger Menge, sauber auch noch und ohne Krankheitserreger: Das ist eine der erstaunlichsten Errungenschaften der Zivilisation – und für drei Viertel der Menschheit nur ein Traum, der sich auf dem Weg zum Albtraum befindet.

Trinken ist wichtiger als Essen: Ohne Nahrung kann der Mensch zwei, drei, vier Wochen überleben – ohne Trinken meist nur drei Tage. Aus dem Wasser ist alles Leben aufgestiegen, ohne Wasser ist Leben für uns nicht vorstellbar. Salzwasser bedeckt fast drei Viertel der Erdoberfläche, am Süßwasser hängt unsere Existenz – und mit ebendiesem gehen wir um, als würde es allen Menschen immerdar erhalten bleiben in jeder Menge und in schönster Qualität.

In Wahrheit ist das süße Wasser der meistbedrohte Rohstoff auf Erden und ein dräuender Grund für blutige Kriege – beides ähnlich wie das Öl. Wir vergeuden es, wir verschmutzen es, wir zapfen es einander ab, und zu viele Menschen drängen sich in Regionen mit immer weniger Regen. Schmutziges Wasser, schätzt die Uno, bringt Jahr für Jahr drei Millionen Menschen um.

In Afrika verschlimmern Bürger- und Bandenkriege, Flucht und Menschenjagd die Not: Die Sahara wächst nach Süden, die Erderwärmung wird die Dürre verschlimmern, und 1,3 Milliarden Menschen bevölkern den Kontinent – so viele, wie um 1850 auf der ganzen Erde lebten. Schon heute haben mehr als eine Milliarde Menschen nicht genug zu trinken, jedenfalls kein sauberes Wasser, und in vielen Ländern der Welt stehen ihnen zum Trinken, Kochen und Waschen pro Tag nur zehn Liter zur Verfügung.

Die Deutschen brauchen im Durchschnitt 130 Liter, die Amerikaner 300. Mehr als drei Milliarden kennen keine Wasserspülung: Sie benutzen ein Plumpsklo, das Feld, die Gasse, den Bach. Die meisten der jährlich drei Millionen Toten durch verschmutztes Wasser sind Kinder unter fünf Jahren (Umweltbericht der Uno). Wie viele *verdursten*, darüber liegt keine Schätzung vor. Ja, Meerwasser lässt sich entsalzen – so teuer aber und so energieaufwendig, dass dies in großem Stil nur in den arabischen Emiraten geschieht.

Der bei weitem größte Wasserverbraucher ist die *Landwirtschaft*: In sie fließen 70 Prozent allen Nutzwassers der Erde. Seit aber der Fleischverzehr – im Mittelalter bei uns das Vorrecht der Reichen – in den wohlhabenden Ländern zum Alltag geworden ist, hat sich der Wasserverbrauch dramatisch erhöht: Für ein Kilo Brot muss der Bauer im Durchschnitt 1000 Liter Wasser einsetzen, für ein Kilo Fleisch 5000.

Da nun auch noch der Lebensstandard der Dritten Welt sich heben soll, folglich der Fleischkonsum steigen wird und noch dazu die Menschheit wächst, wird auch der Wasserbedarf wachsen und dazu die Verschmutzung des Wassers durch die Mineralsalze des Kunstdüngers, die Pestizide, die Antibiotika für die Masttiere, die Jauche, die sie produzieren.

Noch schlimmer: Damit der Kalorien- und Proteingehalt von einem Kilo Fleisch entsteht, muss an die Tiere mindestens das Dreifache, im Durchschnitt das Siebenfache, oft das Zehnfache des Nährwerts der Futterpflanzen verfüttert werden; das meiste verbrauchen sie für ihre eigene Existenz. Wer den ein bis zwei Milliarden Hungerleidenden auf Erden etwas Sattheit gönnen will, muss schon deshalb unsere exzessive Fleischkultur in Frage stellen.

Nicht genug damit: Für die 1,5 Milliarden Rinder, mit denen wir unseren Planeten bevölkert haben, reicht das Gras auf Erden, ihre natürliche Nahrung, bei weitem nicht. Also werden sie großenteils mit Getreide gefüttert. Die Hälfte alles auf Erden geernteten Getreides, fast ein Drittel der gesamten landwirtschaftlichen Nutzfläche des Planeten, steht im Dienst der Tiermast. Um die Getreideanbaufläche noch zu vergrößern, werden Wälder abgeholzt, zumal in Brasilien.

EIN WAHNWITZ FÜR MENSCH UND TIER

Und das Übel wächst: Von 1961 bis 2007 hat sich der Fleischverzehr der Menschheit pro Kopf verdoppelt – in der Summe demnach mehr als vervierfacht, weil im gleichen Zeitraum die Zahl der Menschen sich mehr als verdoppelt hat; die nächste Verdoppelung wird in wenigen Jahrzehnten vollzogen sein. Hier findet ein hochorganisierter Wahnwitz statt zulasten von Mensch und Tier.

So aber nimmt der Hunger auf der Welt zu – am schlimmsten in den Slums der Riesenstädte in Afrika und Asien, in den Flüchtlingslagern des Orients, in Afrika südlich der Sahara. Eine

Statistik, wie viele Menschen qualvoll hungers *sterben*, gibt es nicht; «an chronischer Unterernährung» leiden 815 Millionen Menschen (2016 laut FAO), und vermutlich wird ein Drittel der Menschheit niemals richtig satt.

Beschimpft und ausgelacht wurde der englische Pfarrer Thomas Robert Malthus, als er 1798 – bei gerade mal einer Milliarde Menschen – die These publizierte, alle Lebewesen neigten dazu, «sich stärker zu vermehren, als die für sie verfügbare Nahrungsmenge zulässt». Heute sind wir 8 Milliarden. Mehr sollen es werden. Wer heute noch lacht, ist ahnungslos.

DAS TRAUERSPIEL VOM ARALSEE

An keinem Ort der Erde ist dem Wasser so viel Gewalt angetan worden, hat menschliches Handeln sich so sichtbar katastrophal ausgewirkt wie am Aralsee in Kasachstan und Usbekistan. Bis 1960 war er der viertgrößte See der Erde, fast so groß wie Bayern – 2008 hatte er drei Viertel seiner Fläche eingebüßt; der Seespiegel war um 13 Meter abgesunken, der Salzgehalt hatte sich vervierfacht. Milliarden Fische sind verendet, 40 000 Fischer haben ihre Existenz verloren, und in der Salzwüste, die der See hinterlässt, rosten die Wracks der einstigen Aralsee-Schifffahrt – kein Wasser mehr bis zum Horizont.

Der Niedergang setzte 1956 ein, als die Sowjetrepublik Turkmenistan mit dem Bau des Karakum-Kanals begann, jetzt 1445 km lang und der längste Bewässerungskanal der Welt. Das karge Land östlich des Kaspischen Meers hat er in eines der größten Baumwollanbaugebiete der Erde verwandelt. Sein Wasser entnimmt er dem *Amudarja*, einem der beiden mächtigsten Ströme, die einst den Aralsee speisten.

Der andere Zufluss, der *Syrdarja*, war schon lange versiegt. Er bewässerte die riesigen Baumwollfelder an seinen Ufern. Doch hat die Weltbank 2001 einen Damm finanziert, der einen weiteren sinnlosen Abfluss verhindert, sodass in einem Zipfel des Sees jetzt wieder Karpfen schwimmen. Und vielleicht schwebt der Geist Gottes wieder auf den Wassern (1. Mose 1).

Und *unser* Geist? Wollen wir endlich daraus lernen? Oder unsere Lebensgrundlagen weiter achtlos zerstören?

VERSCHWENDUNG
IST UNSERE LEITKULTUR

Verschwendung schick zu finden, notwendig eigentlich, und sie zu steigern, einander mit ihr zu übertrumpfen – das ist ein Herzstück des Abendlands. China hat schon aufgeholt, die restliche Welt hechelt hinterher. Noch verfügt ja erst die halbe Menschheit über unser aller Lebenselixier: den Strom! Für den Kühlschrank zum Beispiel: In ihm kühlt Strom gegen die Wärme an, die, meist auch mit Hilfe von Strom, in der Küche erzeugt worden ist.

Strom auch für den Gipfel alles Hochmuts, aller Vergeudung: die «Indoor-Skihallen», riesige Kästen, die in Deutschland, Holland, England, Spanien ins Grüne gedonnert worden sind, mit den Extremen Norwegen (ausgerechnet!) und Dubai am Persischen Golf: 400 Meter Abfahrt auf Schnee in der Wüste! Wann wird das Sonnenbaden am Nordpol angeboten?

Mit gewaltigen Aggregaten werden die Monstren ganzjährig auf minus 4 Grad gekühlt, und die Lifte können bis zu 5000 Skifahrer pro Stunde befördern. Kilowattstunden werden da zu Zehntausenden verbumfiedelt, und die Kraftwerke scheppern oder qualmen, und der Papst erhebt dagegen so wenig seine Stimme wie der Uno-Generalsekretär.

Sollten wir nicht irgendwann beginnen, uns zu wundern? Wie können wir nur so viel Plage und Geld in die Erzeugung von Elektrizität investieren, wie viel Schmutz, Risiko und Naturverschandelung für sie in Kauf nehmen – und uns so wenig um die Frage kümmern, wo der *Verbrauch* von Strom sich senken ließe?

Wer sich mit den *erneuerbaren* Energien tröstet, der sollte nicht zu viel Hoffnung investieren. Dass sie jemals ausreichen werden, Öl, Kohle, Gas und die Atomkraft zu ersetzen, ist unwahrscheinlich; die Behauptung, Energie, welcher Art auch immer, werde sich jemals ohne Schädigung der Umwelt erzeugen lassen, ist einfach falsch.

40 bis 60 Prozent des Energieverbrauchs entfallen in Deutschland auf das Heizen. Durchschnittliche Raumtemperatur heute: 22 Grad. Jahrzehntelang galten 20 Grad als normal. Die Großväter von heute sind meist bei 16 bis 18 Grad aufgewachsen. Von einer Reduzierung auf 18 Grad würden wir, nach ein, zwei Jahren der Umgewöhnung, wenig merken, und sparen

würden wir ab übermorgen. Dass dies nicht auch nur debattiert wird, ist grotesk.

Stattdessen: *Dämmplatten* aus Kunststoff oder Mineralwolle, von der Bundesregierung steuerlich gefördert. Milliarden-Aufwand. Dreck und Lärm bei Herstellung, Transport und Einbau. Oft bald von Pilz und Algen befallen. In 20 Jahren ein gigantisches Müllproblem. Ein sinnloser Wahn!

Mehrere unserer trauernden Atomkraftwerke und etliche unserer schönen Windrad-Wälder sind also permanent damit beschäftigt, einen halbverrückten Luxus oder schieren Unfug zu bedienen – und die Grünen schweigen. Wahrscheinlich steckt ihnen die traurige Erfahrung in den Knochen, die sie 2014 mit dem Veggie-Day gemacht haben: In der Kantine ein fleischloser Tag pro Woche! *Noch weniger* fordern kann man ja kaum. Aber ihren Stimmenrückgang bei der Bundestagswahl führte die Partei eben auf diese Zumutung zurück.

Also schweigen die anderen auch. Und mit unfassbarer Selbstverständlichkeit wird alles unterlassen, was auf noch zumutbare Weise eine Besserung herbeiführen könnte. Warum nicht mal eine Debatte über höhere Steuern? Auf Klimaanlagen zum Beispiel, soweit sie nicht in

Krankenhäusern stehen? Auf stromfressende Beleuchtung bei Sportveranstaltungen? Ist nicht für die Fußballbundesliga das Tageslicht immer noch gut genug? Auf Lichtreklame nach Mitternacht? Auf die Schneekanonen in den Wintersportorten, Stromfresser ohnegleichen! Kein Schnee – kein Ski, so einfach war das mal. Und auf die Sommerskihallen die Spitzensteuer.

DIE MODE – EIN UMWELTVERSCHMUTZER

Man müsste nur Mehrheiten dafür gewinnen, im Parlament und unter den Wählern. In einem aufgeklärten Land ließe sich das vielleicht, vielleicht erreichen. Unter acht Milliarden Menschen freilich nie. Und dies wohl zweimal nicht: auf alle *Mode* zu verzichten – in der Kleidung zumal! Der Mode folgen heißt ja: Garderobe, die keineswegs verschlissen ist, dennoch aussondern und sich die neue modische Variante zulegen – für die Wirtschaft ein Umsatzfaktor ersten Ranges, für die Werbung der königliche Tummelplatz.

Wie viel Rohstoff wird da vergeudet, wie viel *fruchtbares* Land der Ernährung entzogen für Schafweiden und Baumwollfelder, wie viel Wasser, wie viel Strom in die Verarbeitung investiert, wie viel Schmutz dabei erzeugt? Aber so ist er nun mal, der *Homo sapiens sapiens*, und die Erde hat das gefälligst auszuhalten. Und völlig intakte Lebensmittel verwandeln wir in Müll, zu Millionen Tonnen.

WIR VERPESTEN DIE ERDE

Dass es auf Erden wärmer wird, ist unbestritten – und eine der großen Sorgen der internationalen Politik. Nicht klar aber ist, inwieweit es der Mensch ist, der die Erwärmung bewirkt. Schließlich war sehr viel Wärme nötig, um die letzte Eiszeit zu beenden – und da trieb sich erst der Neandertaler auf der Erde herum.

Wärmephasen hat es auch in historischer Zeit gegeben, immer noch lange vor dem Industriezeitalter. Der abschmelzende Aletschgletscher im Berner Oberland hat erstaunliche Funde aus dem alten Rom freigelegt, und im Süden Grönlands war es vom 10. bis 15. Jahrhundert so mild, dass die Wikinger Viehzucht treiben konnten.

Unbestritten ist eine klare Gefahr: Das seit Jahrzehnten schmelzende Eis der Polarregionen und der Gletscher lässt den Meeresspiegel steigen – in der Südsee schon bedrohlich, bald werden bewohnte Inseln gänzlich überschwemmt sein, und viele Küstenregionen, gerade sie oft mit Millionenstädten, sind bedroht. Ob wir die Ursachen in den Griff bekommen, ist fraglich, aber wenigstens an die Folgen sollten wir uns anpassen: *Deiche* zu bauen könnte eine vernünftige und dringende Investition sein – und machbar wäre das durchaus in großem Stil; seit tausend Jahren zeigen das die Niederlande. Nur wäre auch dafür eine Planung und eine Entschlossenheit über Jahrzehnte nötig, und die ist, über demokratische Wahlperioden hinweg, offensichtlich nicht zu schaffen.

Dazu kommt, dass die Klimaforscher sich keineswegs einig sind: Wird die Erwärmung eher 1,5 Grad – oder katastrophische 4,5 Grad betragen? (Also besser «Erderhitzung» heißen wie im neuen Grundsatzprogramm der Grünen?) Bisher unberechenbar nämlich ist einer der wichtigsten Faktoren: Wolken. Ob Wolkenschleier, Wolkenhaufen, Wolkendecken, wann, wo, wie lange, wie dick, wie ausgedehnt – das ist bis heute nicht durchschaubar.

Völlige Klarheit herrscht darüber, wie sehr wir die Erde *verpesten* – und dass dies eine üble, eine groteske Selbstbeschädigung der Menschheit ist. Zehntausende von Kohle- und Gaskraftwerken, Hunderttausende von Schornsteinen, Milliarden von Öfen und Feuerstellen und anderthalb Milliarden Autos blasen uns ihren Schmutz, ihr Gift entgegen.

Kohlendioxid vor allem, dazu Schwefeldioxid, Schwefelwasserstoff, Stickoxide, Quecksilberdämpfe, Rußpartikel – Milliarden von Menschen leiden darunter, Millionen sterben daran. Das große Erschrecken ist längst da.

Aber was geschieht? Nichts – oder zu wenig – oder zu spät, und Deutschland behauptet in beiden Disziplinen einen Vorderplatz: Braunkohle bis 2038! Fast vervierfacht hat sich seit 1960 die Kohlendioxid-Konzentration in der Atmosphäre, verzehnfacht in China; auch an Schwefeldioxid, Kohlenstaub, Quecksilberdämpfen bläst China mehr in die Luft als jedes andere Land der Welt; viele Kinder haben einen *blauen* Himmel noch nie gesehen, manche husten schwarzen Schleim.

«BLAUEN» HIMMEL? – NIE GESEHEN

Sichtbar gefährlich und noch dazu abscheulich ist der *Müll*. Bauern kannten keinen, Milliarden Bauern kennen ihn noch heute nicht: Was essbar war, wurde gegessen oder verfüttert, organische Abfälle wurden kompostiert, Scherben um Beete herumgesteckt oder mit Lehm zu einer Art Ziegel vermischt. Konservendosen waren unbekannt, Bierdosen auch, Elektroschrott sowieso, und Kleidung oder Schuhe wegzuwerfen, bloß weil man sie nicht leiden kann, war unvorstellbar. Und niemand behelligte die Menschen mit der Papp- und Plastik-Orgie der Verpackungsindustrie.

Seit ein paar Jahrzehnten aber und mit erschreckend zunehmendem Eifer ist die Menschheit dabei, sich ihre Lebenssphäre mit Milliarden Tonnen von Müll und Schrott immer hässlicher, giftiger, stinkiger, also schwerer bewohnbar zu machen: Zu Milliarden werden Flaschen, Dosen, Tüten, Kisten, Kleidung, vergeudete Lebensmittel, verrottete Matratzen in Müll verwandelt; und der Elektroschrott kommt noch dazu. Schlimm genug, wenn der Unrat sich zu Gebirgen türmt; eine Katastrophe, wenn er aus Plastik ist und nicht verrotten will.

IST DER MENSCH EINFACH ÜBERFORDERT?

Und im Basislager des Mount Everest, 5200 Meter hoch gelegen, türmen sich die Flaschen und Dosen zwischen überquellenden Latrinen; und den Weg zum Gipfel säumen Müll und Kot. Und im Weltraum sausen mehr als 20 000 Stücke Schrott, größer als 10 Zentimeter, um die Erde.

Und in den Slums der Riesenstädte der Dritten Welt ist es normal, neben, manchmal auch fast auf, jedenfalls von dem Müll zu leben, der dort aufgeschüttet wird, in Manila auf den Philippinen 4500 Tonnen jeden Tag. Schon im Jahr 2000 war dort ein 40 Meter hoher Müllberg eingestürzt und hatte 260 Menschen unter sich begraben. Die 3000, die bei ihm, auf ihm, von ihm lebten, wurden evakuiert – und zu Tausenden sind sie längst wieder da, sammeln Flaschen und alles aus Metall und leben vom Verkauf.

Und schwere Teppiche aus Milliarden Plastikresten treiben auf den Ozeanen, und Fische und Seevögel ersticken zu Milliarden daran; und schon gelangen auf diese Weise Plastikpartikel in unsere Nahrungskette. Ja, es scheint, als sei der Mensch überfordert mit der Aufgabe, sich auf dieser Erde ein halbwegs erträgliches, halbwegs würdiges Leben einzurichten.

«NACHHALTIGKEIT»
LÜGEN WIR UNS VOR

Retten sollte sie einst den deutschen Wald, die Nachhaltigkeit – eine Forderung der deutschen Forstwirtschaft aus dem späten 18. Jahrhundert: Es darf nicht mehr Holz geschlagen werden, als nachwächst. Das war und ist machbar und dazu vernünftig, in Deutschland wird es überwiegend betrieben; in den tropischen Wäldern geschieht das Gegenteil.

Seit zwanzig, dreißig Jahren nun ist es unter den Vorkämpfern des Umweltschutzes in Mode, das schöne Wort auf alles auszudehnen, was wir bewahren möchten – als Appell, aber eben auch als Trost, dass sich damit alles schaffen lasse; fast als Versprechen.

Dies aber ist schierer Unsinn – vielleicht sogar kalkulierter Betrug. Denn die Erze, die wir aus der Erde klauben, kommen der nächsten Generation allenfalls als Schrott zugute, Kohle und Öl aber nie. Unser Plastikmüll verrottet nicht, und was wir einmal zementiert haben, wird sich nie in Aue, Savanne oder Regenwald zurückverwandeln. Nachhaltigkeit anzustreben ist stets verdienstvoll – sie zu erreichen auf den meisten Feldern unserer Tätigkeit unmöglich.

Dem *sustainable development* geht es nicht anders: zu Deutsch einer Entwicklung, die sich durchhalten lässt in allem, was wir brauchen. Dies forderte zuerst 1987 eine Uno-Kommission unter dem Vorsitz der norwegischen Ministerpräsidentin Gro Harlem Brundtland: Die Menschheit muss mit den Ressourcen der Natur so umgehen, dass sie die Lebenschance künftiger Generationen nicht gefährdet – so, dass wir unseren Enkeln (ja, Enkeln!) eine intakte Umwelt hinterlassen. Bravo!

Die Resolution hatte freilich eine kleine Schwäche und eine große auch. Die kleine: *Sustainable*, durchhaltbar, sagt nicht: Wie lange? Die deutsche Version *nachhaltig* ist besser: «auf längere Zeit wirkend», definiert das Grimm'sche Wörterbuch; der Duden fügt hinzu: «sich stark auswirkend». *Wie* lange aber «länger» ist, erfahren wir von beiden nicht: zehn Jahre? Oder dürften – oder sollten vielleicht auch noch unsere Urenkel davon profitieren?

Die *große* Schwäche aber: Gleichzeitig hat die Kommission empfohlen, unter den heute Lebenden «ausgleichende Gerechtigkeit» herzustellen – also den armen Völkern zur Annäherung an den Lebensstandard der reichen zu verhelfen.

Und da stecken wir in dem Dilemma: Einerseits – das wäre wirklich nur gerecht. Andrerseits – die Ausbreitung des Reichtums auf Erden wäre genau das, was am meisten dazu beiträgt, dass die Erde aufgeheizt, vermüllt, verpestet wird. Sollte die gesamte Dritte Welt den Lebensstandard und Lebensstil der Industrieländer erreichen, so würde die Umweltbelastung sich verzwölffachen, heißt eine Prognose.

AUSBEUTUNG IST UNSER LEBENSELIXIER

Ohne das Zugeständnis der «ausgleichenden Gerechtigkeit» aber wäre im Uno-Ausschuss natürlich keine Mehrheit zustande gekommen. Und so wird sich die Mehrheit, mit dem steigenden Wohlstand, stärker an der Produktion von Gift und Müll beteiligen als bisher. (700 Millionen Autos für Indien – das wäre die deutsche Relation.)

2015 dann hat die Uno eine *Agenda 2030* verabschiedet, mit dem Ehrgeiz, «eine bessere Zukunft für alle Menschen zu schaffen» – und in ihrem Drängen nach «Nachhaltigkeit» ging sie ziemlich weit: weniger Wirtschaftswachstum, weniger Konsum, weniger Energieverbrauch, weniger Industrialisierung; auch pfleglicher Umgang mit den natürlichen Ressourcen und den noch vorhandenen Lebensräumen.

Aber geschehen ist in dieser Richtung nichts. Wahrscheinlich – ebenso traurig zu sagen wie wahr – ist die biologische Art «Mensch» einfach nicht imstande, sich das abzugewöhnen, was sie mit der Muttermilch eingesogen hat Zehntausende von Jahren lang: Erbeutet! Beutet aus! Und Verschwendung ist die Krone.

Lohnt es sich also, über «Nachhaltigkeit» überhaupt zu debattieren? Doch; jedenfalls schärft sie unser Bewusstsein für das Unheil, das wir anrichten zulasten unserer Enkel, und hie und da bremst sie sogar unseren zerstörerischen Umgang mit der Natur. Und vielleicht tröstet es ja künftige Generationen, dass wir, die Plünderer, doch einen Anflug von schlechtem Gewissen bewiesen – nämlich jene Gebetsmühlen angestoßen haben, die das Zauberwort «Nachhaltigkeit» getreulich murmeln werden bis ans Ende unserer Tage.

«WACHSTUM» BETEN WIR AN

149-mal wurde «Wachstum» im Februar 2019 eingefordert – im Abschlussbericht der Deutschen Kohlekommission. Wachstum also auch auf einem der schmutzigsten Felder in einer der reichsten und produktivsten Volkswirtschaften der Welt. Schon zwei Prozent jährliches Wachstum bedeuten: Verdoppelung in 35 Jahren – acht Prozent, wie in einigen Schwellenländern: in neun Jahren. Vervierfacht hat sich seit 1960 die gesamte Güterproduktion auf Erden.

Dass dies auf einem begrenzten, längst überfüllten Planeten nicht einfach so weitergehen kann, ist erstens offensichtlich – und zweitens bisher durchaus kein Anstoß, dagegen anzugehen. Warnende Stimmen gibt es genug: «Wer die Zukunft der Menschheit sichern will, muss weiteres Wirtschaftswachstum verhindern!» (Jörg Sommer, Vorsitzender der Deutschen Umweltstiftung, 2019.)

Ja, schrumpfen muss die Weltwirtschaft! (So 2016 Erhard Eppler, zwanzig Jahre lang Vorsitzender der Grundwerte-Kommission der SPD.) Ein Fünftel aller Arbeitsfähigen könnte *alle*

Menschen ernähren, ihre sämtlichen materiellen Bedürfnisse befriedigen und die Weltwirtschaft in Schwung halten – so die Prognose mehrerer Forschungsinstitute seit mehr als zwanzig Jahren.

Natürlich: Diese Einsicht gegen die Milliarden Armen auf Erden durchzusetzen, ist unmöglich und nicht zumutbar. Also müssten es die Reichen sein, die das Schrumpfen auf sich nähmen. Die Aussicht, dass die das tun, ist nahe null. Also wird das Wachstum weitergehen.

Und als was sahen im Mai 2019 die Experten die Nachricht an, die deutsche Wirtschaft wachse nur noch um 0,5 Prozent? Als Alarmruf natürlich. Und die Bundesregierung ist per Gesetz verpflichtet, «für ein stetiges und angemessenes Wirtschaftswachstum zu sorgen».

Mehr Einsicht hatte da schon 1975 Wolfgang Harich gezeigt, Professor für Gesellschaftswissenschaften an der Ostberliner Universität: «Der kommunistische Endzustand», schrieb er, «werde entgegen der Prognose von Karl Marx keine Überflussgesellschaft und schon gar kein Paradies sein, und der Staat werde nicht absterben, sondern mit seiner Autorität die Rationierung des Mangels erzwingen müssen.»

Und Moritz Leuenberger, ehemaliger Bundespräsident der Schweiz, schlug 2007 nicht nur den Stillstand, sondern beherzt den Rückschritt vor: Versuchen wir doch, unseren Energieverbrauch auf den Stand von 1960 zurückzufahren, das heißt auf 40 Prozent des heutigen Konsums! Damals, sagte er, lebten die meisten Abendländer auch nicht schlecht – was hätten sie entbehrt?

Der Ideologie des unverzichtbaren Wachstums arbeiten auch die Gewerkschaften zu: mit der Heiligsprechung der *Arbeitsplätze*. Welche Hiobsbotschaft für sie binnen vier Tagen im März: Das E-Auto kann 100 000 Arbeitsplätze kosten (*Süddeutsche Zeitung*). Klimaziele könnten 150 000 Jobs kosten (*Spiegel*). Clevere Roboter bedrohen 300 000 Arbeitsplätze (*FAZ*). Da fühlt der Autor sich ermutigt, auf eine weitere mögliche Arbeitsplatzvernichtung hinzuweisen – diesmal in der Getränke-Industrie: Wenn nämlich eine amtliche Instanz eine Werbekampagne starten würde mit der in Deutschland völlig korrekten Botschaft: «Leitungswasser – das ideale Getränk für Ihr Kind».

Wenn die Zahl der Arbeitsplätze schrumpft, erstens, weil die Automatisierung sie einfach beseitigt, zweitens, weil das Schrumpfen geradezu gefördert werden sollte, um ein unsinniges weiteres Wachstum zu verhindern – so entstehen zwei große Probleme.

Das erste: Wovon sollen sie alle leben? Von einem *Grundeinkommen* – jeder hätte Anspruch darauf, keiner müsste ihn begründen. Seit Jahren wird das bei uns diskutiert, und natürlich ist es umstritten. Denn: Welche Einnahmen gingen dem Staat dadurch verloren und den Sozialkassen auch? Würden sich überhaupt noch Menschen finden für Arbeiten, die unbeliebt, aber für die Gesellschaft notwendig sind? Könnte das Nichtmehrarbeiten für viele nicht geradezu eine Verlockung sein?

GRUNDEINKOMMEN? FÜR UND WIDER

Und noch ein Problem: Was macht es mit den Menschen, wenn niemand und nichts mehr sie dazu zwänge, sich ihr Leben zu *verdienen*? Und wenn sie, umgekehrt, keine Abnehmer mehr fänden für eine Leistung, die sie vielleicht erbringen wollen? Ist es nicht ein Urbedürfnis des Menschen, etwas auszurichten in der Welt?

Pro Grundeinkommen aber: Könnte es nicht sein, dass es dann endlich *mehr* Menschen für die Berufe gäbe, die wir dringend brauchen – Pfleger, Lehrer, Erzieher? Und wäre es nicht geradezu ein Fortschritt, wenn jeder Arbeitgeber einem im Prinzip Arbeitswilligen *das* Leben bieten müsste, das ihn motiviert? Und dass nichts unsere Umwelt *mehr* schonen würde, als wenn Milliarden Menschen endlich aufhören würden, irgendetwas zu «machen», herzustellen, worauf kein Mensch gewartet hat?

«REICH OHNE MÜHE» – IN DER BIBEL

Es ist eine Zwangsvorstellung, dass erst die Arbeit dem Menschen seine Würde verschaffe. In der *Bibel* ist Arbeit erstens Gottes Fluch, zweitens Gottes Gnade und drittens jederzeit entbehrlich. «Im Schweiße deines Angesichts sollst du dein Brot essen», scholl es Adam vor der Vertreibung aus dem Paradies entgegen (1. Mose 3,19). Jedoch: «Der Segen des Herrn macht reich ohne Mühe» (Sprüche Salomos 20,22), und an den Vögeln unter dem Himmel sollen wir uns ein Beispiel nehmen, denn sie säen nicht, sie ernten nicht, und der himmlische Vater ernährt sie doch (Matthäus 6,26).

Eine hübsche «Anekdote zur Senkung der Arbeitsmoral» hat Heinrich Böll sich ausgedacht. Da fragt der Tourist den Fischer, warum er den Nachmittag im Hafen verträdle, statt noch einmal hinauszufahren und mehr Fisch zu fangen. Warum?, fragt der Fischer. Weil er dann mehr verdiene, antwortet der Tourist, also sich ein zweites Boot anschaffen und noch mehr Fisch fangen könne. Warum?, fragt der Fischer. Weil er dann eines Tages vielleicht eine Fischfabrik bauen und noch mehr Geld verdienen könne – um sich schließlich zur Ruhe zu setzen und müßig aufs Meer zu schauen. Das, sagt der Fischer, habe er jetzt schon.

DER MASSLOSE TOURISMUS

Etwa 1,3 Milliarden Menschen haben 2018 eine Urlaubsreise unternommen – mit 1,8 Milliarden wird in Kürze gerechnet. Mehr als verzwölffacht hat sich der Tourismus im letzten halben Jahrhundert. Die größte Industrie der Welt ist er geworden – und einer der größten Umweltschädiger auch.

Zumal da er sich mehr und mehr des Flugzeugs bedient – und das hat unter allen Verkehrsmitteln den höchsten Treibstoffverbrauch und den übelsten Ausstoß an Treibhausgasen – 30-mal so viel für jeden Reisenden wie die Eisenbahn, ein Irrsinn! Im Regierungsverhalten nicht minder: Das Mineralöl ausgerechnet für die Luftfahrt ist seit 1992 von der Mineralölsteuer befreit.

Was ist aus ihr geworden, der «Reise»! Ursprünglich hieß so ein Kriegszug, eine Heerfahrt – schon bei Luther aber auch ein bloßer Ortswechsel; der *Reisige* war freilich immer noch ein berittener Söldner, der plündernd durch die Lande zog.

Im 18. Jahrhundert entstanden an Nord- und

Ostsee die ersten Seebäder, reiche junge Männer wie Byron oder Goethe traten Lustreisen an. Um 1900 waren die Schiffs- und Eisenbahnverbindungen so weit gediehen, dass das Reisen, auch über weite Strecken, aufgehört hatte, ein Abenteuer zu sein: In einer Woche über den Atlantik – das war zumutbar für die Auswanderer im Zwischendeck, bequem für Geschäftsleute und bei den Reichen höchst beliebt.

Das Auto? In ein paar tausend Exemplaren knatterte es schon um 1900, ein Kuriosum bloß. Das Flugzeug war noch nicht erfunden, und auf es gewartet hatte keiner. Der Massentourismus, der heute so gewaltige Wirkungen hat, entstand vor fünfzig, sechzig Jahren – dank steigender Einkommen, mehr Urlaub und dem wachsenden Gefühl, dass eine jährliche Urlaubsreise zum normalen Leben gehöre.

2018 machten die Deutschen etwa 70 Millionen Urlaubsreisen – als langjährige «Reiseweltmeister» aber schon von den Chinesen überholt. 41 Prozent aller Fernreisen wurden mit dem Flugzeug unternommen, und der Anteil der Flüge steigt weiter. Unter den 20- bis 29-Jährigen in Mitteleuropa ziehen sogar 60 Prozent das Flugzeug vor.

Das hat besonders die *Städtereisen* begünstigt. Zumal über die großen Sehenswürdigkeiten Europas fallen die Touristen wie die Heuschrecken her: Venedig, Dubrovnik, Prag, Barcelona, Amsterdam. Sie drängeln sich in langen Schlangen vor den Höhepunkten. Sie verstopfen die Straßen, die voll sind von Souvenirkiosken und Imbiss-Ständen.

Vielen Einheimischen gehen sie längst auf die Nerven: «Haut ab!» war (Deutsch natürlich) in großen Lettern auf Bettlaken gepinselt, die in den Ramblas von Barcelona aus den Fenstern hingen. Und der ganze Rummel – für die Umwelt das Schlimmste – mit dem Flugzeug! Bei Ryanair manchmal billiger als ein Ausflug in die Nachbarstadt.

Am Mittelmeer sind unterdessen Hunderte von Küstenkilometern mit Hotelkasernen und Rummelplätzen versiegelt, ganze Alpenlandschaften sind in einen lärmenden Lustgarten aus Stahl, Beton und Pistenbullys verwandelt – wer will denn noch Natur? Mehr als zehn Prozent des Bruttoinlandsprodukts der Welt wird für Tourismus ausgegeben!

Ja, unser ist die Erde, und bei fast acht Milliarden Bewohnern kann sie nicht auch noch hübsch und sauber sein.

Hunderttausende von Schülern hat sie motiviert, die 16-jährige Greta Thunberg: gegen die Überwärmung und Verschmutzung der Atmosphäre zu protestieren – jeden Freitag, in der Schulzeit, das erregt mehr Aufsehen! (Und angenehm ist es auch.) Warum noch zur Schule gehen, wenn der Weltuntergang droht?

NOBELPREIS FÜR GRETA THUNBERG?

Und so haben sie den Appell befolgt, die Schüler, in Südafrika und auf den Philippinen, in Australien und vor dem Brandenburger Tor – und schon ist Greta Thunberg für den Friedensnobelpreis vorgeschlagen worden. Für ihre Gesinnung zu Recht. Ob für ihre Wirkung, ist eine andere Frage.

Wer hätte denn die Macht, das Klima zu retten? Die Machtinhaber in Politik und Wirtschaft – die Regierungschefs, die großen Bosse, vielleicht ein Parlament. Wie groß ist die Chance, dass Chefs und Bosse von einer Heerschar protestierender Schüler beeindruckt sind? Ziemlich klein. Sie müssten schon eine Mehrheit unter den Wählern fürchten, eine Millionenschar.

Das ist ja auch die Krux bei all den umweltbewussten Bürgern, die das Ihre zur Rettung der Menschheit beitragen wollen: Ich esse eben weniger Fleisch, und Plastik kommt mir nicht mehr ins Haus. Aber ich bin einer unter acht Milliarden! Meine Chance ist also so gut wie null. Nur wenn ich Milliarden dazu brächte, Gleiches zu tun, hätte ich eine Chance. Habe ich die?

WAS UNS DROHT

Krieg natürlich! Zu den klassischen Kriegsursachen seit Jahrtausenden – Macht, Ruhmgier, Beute, manchmal auch Befreiung – ist eine neue gekommen, eine elementare, ja fast plausible: der Endkampf ums Essen, ums Trinken, um Rohstoffe, um den *letzten* freien Raum.

Und die Atomwaffen werden immer schrecklicher und immer mehr, Nordkorea rüstet wieder auf, die Erzfeinde Indien und Pakistan, Iran und Israel pflegen ihre Arsenale, und Putin hat die Beschränkungen aufgekündigt, die Reagan und Gorbatschow beschlossen hatten. Und seit 2017 produzieren die USA und Israel einen Killer-Roboter, der jedes Schlachtfeld beherrschen wird: ein schwerbewaffnetes Kettenfahrzeug, das seine Feinde elektronisch findet und sie zusammenschießt.

Frieden ist unter Menschen noch nie der oberste Wert gewesen – nicht für den Koran: «Verkündet den Ungläubigen qualvolle Strafe! Tötet die Götzendiener, wo ihr sie findet!» (Sure 9). Nicht für die Bibel: «Die Israeliten schlugen alle Menschen und alle Tiere tot in

Jericho» (Josua 6). Und der Gott des Alten Testaments sprach zu Israel: «Du wirst alle Völker vertilgen, die der Herr, dein Gott, dir geben wird» (5. Mose 7). Vertilgen!

Historie, ja – aber in Palästina ist die gefährlich wach. Und im Kongo, im Sudan, in Nigeria wüten Menschenjagd und Bandenkriege. Und nun ist diese gewaltige Gefahr hinzugekommen: Bald drei, bald sogar vier Milliarden Menschen drängeln sich im armen Afrika – nur durchs Mittelmeer von bloß 700 Millionen Menschen im reichen Europa getrennt.

Es wäre ein Wunder, wenn dies den Drang nach Europa, der schon seit Jahrzehnten wächst, nicht drastisch stärken, am Ende vervielfachen würde. Da lauern ganze Heerscharen von jungen, kriegstauglichen Männern auf die Chance zur Invasion. Der alternde Erdteil wird dann vor der Frage stehen, ob und inwieweit er eine solche gewaltsam verhindern könnte und verhindern will. Die Stadt Byzanz hatte 900 Jahre lang die Kraft und den eisernen Willen, sich mit ihren überlegenen Waffen und gewaltigen Mauern gegen den Ansturm von Persern, Arabern, Bulgaren, Warägern, Normannen zu verteidigen, bis schließlich 1453 die Türken sie stürmten – kann, soll das ein Vorbild sein?

Wenn nicht – sollen wir einen Ansturm auf Europa hinnehmen aus Anstand und Barmherzigkeit? Oder einfach, weil wir kaum Alternativen sehen? Oder eher nicht hinnehmen – weil es schließlich keine Schande ist, an die Enkel zu denken?

DIE GRENZEN SCHLIESSEN?

Eine Art Mittelweg hat der Oxforder Politologe David Miller eingeschlagen, und der *Spiegel* hat ihm 2018 fünf Seiten dafür eingeräumt. «Ein Staat sollte sich entschließen», schrieb er, «mehr zu leisten, als die Fairness oder die Gerechtigkeit verlangt. Aber für dieses Mehr muss er die ausdrückliche Zustimmung seiner Bürger einholen.» Wenn aber anders ein unbeherrschbarer Zustand nicht zu verhindern wäre, müsse der Staat das Recht haben, die Grenzen zu kontrollieren, die Einreise zu beschränken und im Extremfall die Grenzen schließen, fährt Miller fort. Die Angst, dann des Rassismus und der Fremdenfeindlichkeit verdächtigt zu werden, dürfe nicht das oberste Prinzip staatlichen Handelns sein.

Ja, Völkerwanderungen wird es geben, Raubzüge, Massenfluchten, einen Kampf um die letzten Quellen. Nur ein absoluter Weltherrscher könnte dies allenfalls verhindern. Aber der ist nicht in Sicht, und den will auch keiner.

DIE KRAFT DES ENTSETZENS

Nein: Der Weltuntergang droht uns nicht. Er ist nur ein beliebter Stoff in Hollywood, und die Weltreligionen schwelgen geradezu in ihm: Beim Evangelisten Markus endet die Welt als «Greuelbild der Verwüstung», in der «Offenbarung» regnet es Feuer und Blut, im Koran steht das Meer in Flammen, und die Sterne stürzen vom Himmel.

Nicht um die Welt – nur um die Erde geht es. Genauer um das Überleben des Menschen und der höheren Tiere auf ihr. Von denen wiederum hätten die meisten allen Grund, sich über *unseren* Untergang zu freuen; vermissen würden uns nur die, die sich daran gewöhnt haben, von uns gefüttert zu werden, Kühe zum Beispiel, Hunde, Katzen und Kanarienvögel.

Zehntausende von biologischen Arten sind ohne unser Zutun ausgestorben. Andere bringen wir um, wo wir nur können: Käfer, Würmer, Insekten. Bären und Wölfe haben wir dezimiert, und einem unglaublichen Exzess fiel der amerikanische Büffel, der Bison, zum Opfer: Auf 60 Millionen wird sein Bestand um 1700 geschätzt – ihn auszurotten war Teil des Feldzugs gegen die Indianer, die von ihm lebten. Ganz allein 4300 von ihnen umgebracht zu haben rühmte sich Buffalo Bill, weltberühmt wurde er damit. Und ein paar Bisons haben in Schutzgebieten wirklich überlebt.

So sterben wir nicht – sondern vermutlich auf einer hemmungslos ausgebeuteten, überfüllten, vermüllten, verpesteten Erde werden wir allmählich zugrunde gehen. Den biblischen Auftrag «Seid fruchtbar und mehret euch und füllet die Erde und machet sie euch untertan» haben wir längst erfüllt. Heute müsste er lauten: «Und nun nehmet sie in Obhut und mehret euch nicht mehr.»

Obhut! Dafür sind wir zu gierig, zu übermütig – und zu viele. «In 250 Jahren», warnte die Weltgesundheitsorganisation schon 1961, «wird die Menschheit alles verpulvert haben, was die Natur in 250 Millionen Jahren angesammelt hat.» Die USA allein hatten bis 1961 mehr Rohstoffe verbraucht als bis 1900 die gesamte Menschheit. Und nun sind fast eine Million biologische Arten vom Aussterben bedroht, überwiegend durch menschliche Maßlosigkeit – der Weltartenschutzverband hat das im Mai 2019 ermittelt und das Resümee gezogen: «Die

Erde steht vor dem ökologischen Zusammenbruch.»

Aber natürlich bleiben wir dabei: Die Erde
ist unser! Nach Gusto beuten wir sie weiter aus,
verschandeln sie, ramponieren sie – und auf
noch mehr Wachstum sind wir versessen. «Die
Evolution hat uns nicht darauf vorbereitet», sagt
der Wissenschaftshistoriker Ernst-Peter Fischer,
«die Probleme der Welt *rational* zu erfassen.» So
stolpern wir desto sicherer einer katastrophi-
schen Zukunft entgegen.

«PARTNERSCHAFT» –
EIN BLOSSER TRAUM

Wer, was soll da helfen? Ja, wenn die Staaten, die
Menschen sich auf ein gemeinsames Handeln
verständigen könnten – «globale Partnerschaft»!
Immer wieder wird sie beschworen. Aber wie
groß ist die Chance, dass die 193 Mitgliedsstaa-
ten der Uno, dass sich China, Russland und die
USA, dass sich Christentum und Islam jemals
auf «Partnerschaft» verständigen?

Hoffnung machen können sich allenfalls die
Bewohner der Südhalbkugel – rund ein Sechstel
der Menschheit, das noch dazu weit weniger als
ein Sechstel des Schrotts, des Mülls, der Gifte

produziert: Australien also, Südafrika, Feuerland, Tahiti.

Der Nordhalbkugel bleiben im Endstadium höchstens die Tröstungen, die wir von geistreichen Feuilletons erwarten können – zum Beispiel: Könnte sich etwas so Souveränes wie der Mensch nicht durchaus noch mal entwickeln, indem er vom Affen aufstiege wie wir – in wenigen Millionen Jahren? Und ihr Brüder im All, falls es euch gibt: Macht uns erst mal so was nach wie unsern Mozart oder unsern Michelangelo!

Eine einzige, eine sogar halbwegs realistische Hoffnung freilich gibt es auch. Seit einem halben Jahrhundert wird in der Wissenschaft das Kuriosum analysiert, dass es im Wesen einer Prognose liegen kann, sich eben durch ihre Publizierung selbst zu widerlegen: *self-defeating prophecy* heißt das – ja geradezu das Gegenteil des völlig korrekt Prophezeiten zu bewirken: die *self-defying prophecy*.

Sagt der Lungenarzt dem Kettenraucher: «Sie werden mit 50 Jahren sterben» – so könnte dies den Raucher derart erschüttern, dass er das Rauchen radikal beendet – und 70 wird. Ebender völlig korrekten Prognose gebührte dann das Verdienst, mit der Kraft des Entsetzens jenes

Umschwenken provoziert zu haben, das ohne sie *nicht* stattgefunden hätte.

Wer diese allerletzte Hoffnung hegt, kann also nicht gründlich genug sein in der Ermittlung und Verbreitung der traurigen Wahrheit – hier: dass die Menschheit dabei ist, sich ihr eigenes Grab zu schaufeln. So, nur so, öffnet sich vielleicht doch noch eine Chance, sie zu widerlegen, diese schrecklich korrekte Prognose: Handeln! Sofort!

WANN KOMMT ER – DER «TAG DES HERRN»?

Als Gott dem Noah den Bau der Arche auftrug, wartete der *nicht*, bis die Schleusen des Himmels sich öffneten – ersoffen wäre er und alle Tiere mit ihm. Sondern unverzüglich machte er sich ans Werk, und es war vollbracht, sieben Tage *bevor* die Sintflut kam.

Dürften es bei uns allenfalls sogar mehr als sieben Tage sein? Sieben Wochen? Sieben Jahre? Keinesfalls aber jene neunzehn Jahre, bis Deutschland wirklich bereit ist, die Atmosphäre nicht mehr mit dem schlimmsten Dreck am Himmel zu verseuchen: dem Qualm der deutschen Braunkohle.

Wann also? Bald, wahrscheinlich. Wissen können wir es nicht. So wenig wie einst die Thessalonicher, als der Apostel Paulus sie warnte: «Der Tag des Herrn wird kommen wie ein Dieb in der Nacht.»

ZEITTAFEL

1000 Als letztes größeres Stück Land wird
Neuseeland besiedelt. Die Inbesitznahme der
Erde durch den Menschen ist komplett.

1494 Im Kloster von Tordesillas beschließen
Spanien und Portugal mit dem Segen des
Papstes, sich die Erde zu teilen.

1514 Kopernikus vertreibt die Erde aus dem
Mittelpunkt der Welt.

1522 Ein Schiff des Magallanes hat in 1080
Tagen die Erde umrundet: Sie ist eine Kugel,
sie gehört uns!

1622 Die Virginia Company weist die eng-
lischen Siedler in den heutigen USA an,
sich alles indianische Land rücksichtslos
anzueignen.

1785 James Watt erfindet die Überdruck-
Dampfmaschine und eröffnet die industrielle
Revolution.

1798 Pfarrer Malthus predigt: Kriegt weniger
Kinder!

1800 Die erste Milliarde ist voll.

1884 Der Tiefpunkt kolonialer Schamlosigkeit:
Der König von Belgien nimmt sich ein Stück

vom Kongo-Urwald, 77-mal so groß wie Belgien, zum Privatbesitz.

1889 Die amerikanische Reporterin Nelly Bly umrundet die Erde in 72 Tagen – mit Schiff, Eisenbahn, Pferd und Rikscha.

1929 In 20 Tagen schafft es das Luftschiff «Graf Zeppelin».

1930 Zwei Milliarden Menschen.

1945 Die erste Atombombe.

1948 Die Uno verabschiedet die Allgemeine Erklärung der Menschenrechte. Nach Artikel 25 hat jeder Mensch Anspruch auf einen Lebensstandard, «der Gesundheit und sein Wohlbefinden gewährleistet». Die Weltgesundheitsorganisation beginnt Feldzug gegen Säuglingssterblichkeit.

1949 US-Präsident Truman ruft die Entwicklungshilfe aus.

1953 Mount Everest: Das äußerste Außenfort der Erde ist erklommen.

1956 Das erste Atomkraftwerk.

1960 Die dritte Milliarde.

1961 Juri Gagarin umkreist die Erde in 89 Minuten.

1962 Rachel Carson eröffnet mit ihrem Buch «Der stumme Frühling» die Ära des Umweltbewusstseins.

1969 Der erste Mensch auf dem Mond.

1972 Der Club of Rome schlägt Alarm:
«Die Grenzen des Wachstums».

1975 4 Milliarden.

1987 5 Milliarden. Die «Brundtland-Kommission» fordert von der Menschheit: «Denkt an die Enkel!»

1995 Die Concorde umkreist die Erde in
31 Stunden.

1999 6 Milliarden.

2012 7 Milliarden.

2020 8 Milliarden.

Wolf Schneider, 94, hat vier Kinder, zehn Enkel und vier Urenkel. Er ist Autor von 28 Sachbüchern, darunter drei Bestsellern und einer großen Kulturgeschichte der Menschheit («Der Mensch – eine Karriere») – laut *Neuer Zürcher Zeitung* «ein grandioses, mit gewaltigem Wissen und immensem Sachverstand geschriebenes historisches Panorama».

Schneider war Korrespondent der *Süddeutschen Zeitung* in Washington, Verlagsleiter des *Stern*, Chefredakteur der *Welt*, Moderator der NDR-Talkshow und 16 Jahre lang Leiter von Deutschlands renommiertester Journalistenschule. Er ist Honorarprofessor der Universität Salzburg, Träger des «Medienpreises für Sprachkultur» der Gesellschaft für deutsche Sprache und des Henri-Nannen-Preises für sein publizistisches Lebenswerk.

Sein großes Thema «Wie geht es mit der Menschheit weiter?» bewegt ihn seit 61 Jahren: 1958 erschien in der *Süddeutschen Zeitung*, anlässlich der dritten Menschenmilliarde, seine erste Warnung vor der drohenden Überfüllung der Erde – und 1966 sein Leitartikel «Tod dem Verbrennungsmotor».

BÜCHER VON WOLF SCHNEIDER

Wörter machen Leute – Magie und Macht der
   Sprache (1976, 20. Auflage 2013)
Unsere tägliche Desinformation – Wie die Massen-
   medien uns in die Irre führen (1984 zusammen mit
   fünf Absolventen der *Henri-Nannen-Schule*)
Die Sieger – Wodurch Genies, Phantasten und Ver-
   brecher berühmt geworden sind
   (1992, 8. Auflage 2001)
Große Verlierer von Goliath bis Gorbatschow
   (Rowohlt 2004, 7. Auflage 2008)
Deutsch! Das Handbuch für attraktive Texte
   (Rowohlt 2005, 5. Auflage 2013)
Glück! – Eine etwas andere Gebrauchsanweisung
   (Rowohlt 2007, 5. Auflage 2011)
Der Mensch – eine Karriere
   (Rowohlt 2008, TB 2010)
Deutsch für junge Profis (Rowohlt · Berlin 2009,
   Rowohlt TB 2011, 10. Auflage 2018)
Die Wahrheit über die Lüge – Warum wir den Irrtum
   brauchen und die Lüge lieben (Rowohlt 2013)
Der Soldat – Ein Nachruf. Eine Weltgeschichte von
   Helden, Opfern und Bestien
   (Rowohlt 2014, 3. Auflage 2018)
Hottentottenstottertrottel – mein langes, wunder-
   liches Leben (Rowohlt 2015)

Das für dieses Buch verwendete Papier ist FSC®-zertifiziert.